Part Order Colour Code

Bond Point

Cross Point

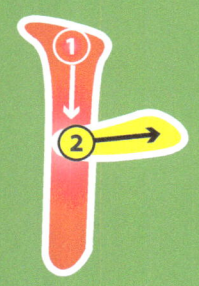

card 卡
     kǎ

一片
yī piàn

a slice

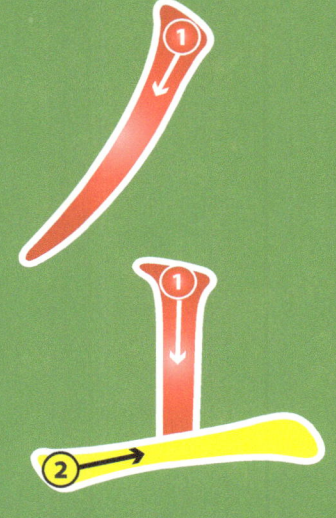

3

长
cháng

long

年
nián

year

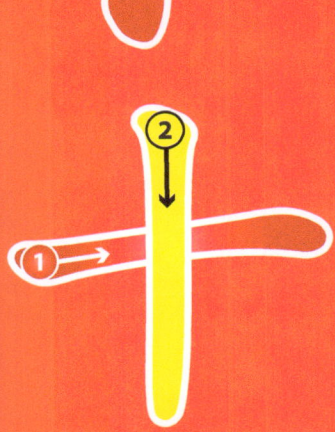

2022
2021
2020
2019

Jan Apr Jul Oct
Feb May Aug Nov
Mar Jun Sep Dec

5

心
xīn

heart

为什么
wèi shén me

why

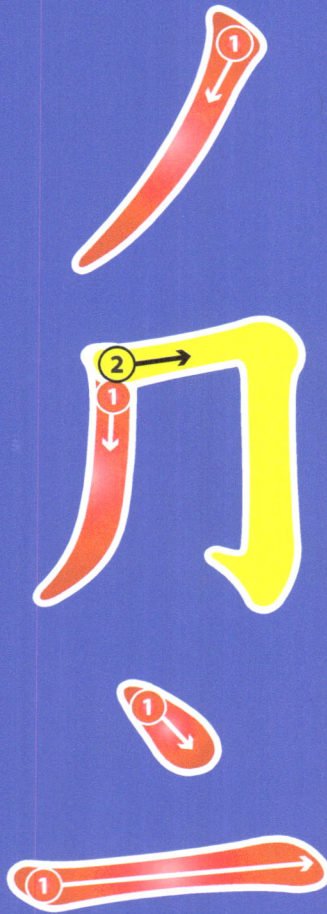

舟
zhōu

boat

水母
shuǐ mǔ

jellyfish

礼物
lǐ wù

present

快 fast
kuài

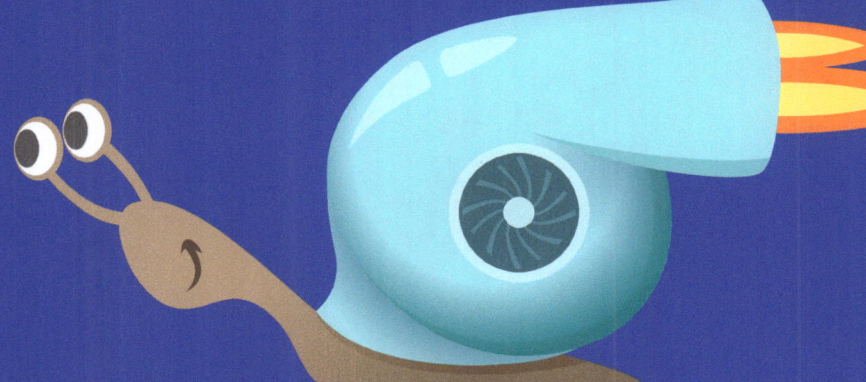

沙洲
shā zhōu

sandbar

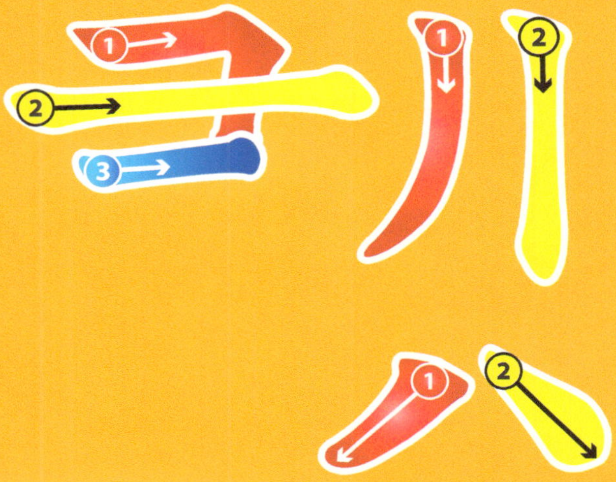

海啸
hǎi xiào

tsunami

桃子
táo zi

peach

瓦片
wǎ piàn

roof tile

小丑
xiǎo chǒu

clown

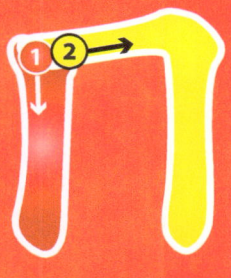
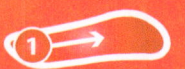

帽子
mào zi

cap

骨头
gǔ tou

bone
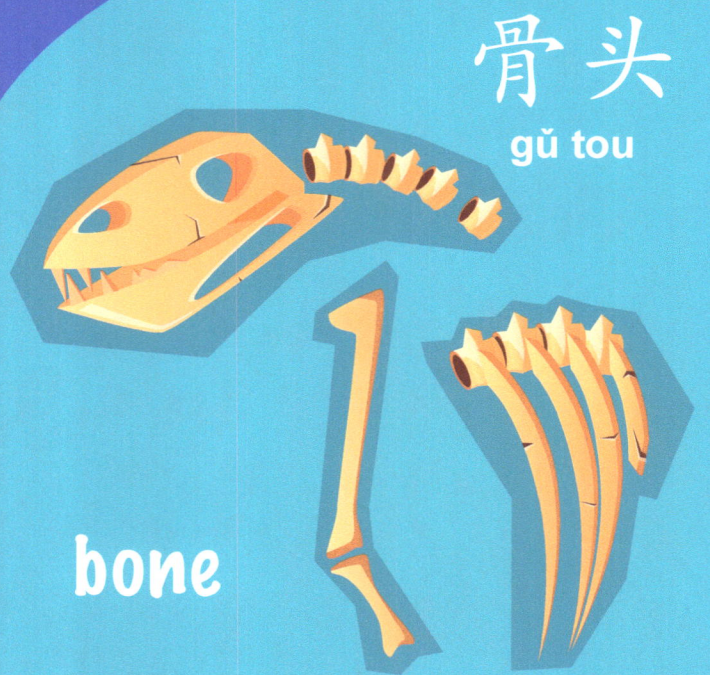

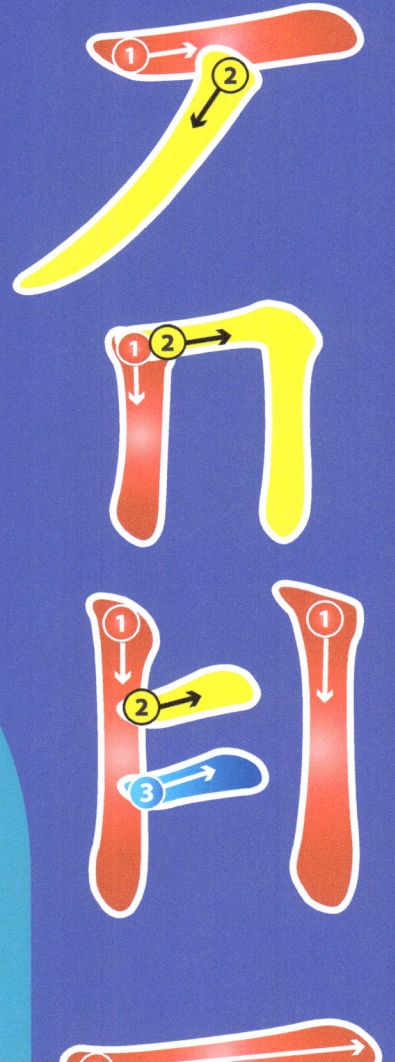

noodles

面
miàn

石碑

shí bēi

stone tablet

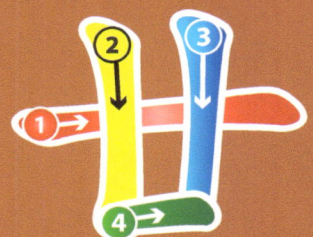

抽屜 drawer
chōu ti

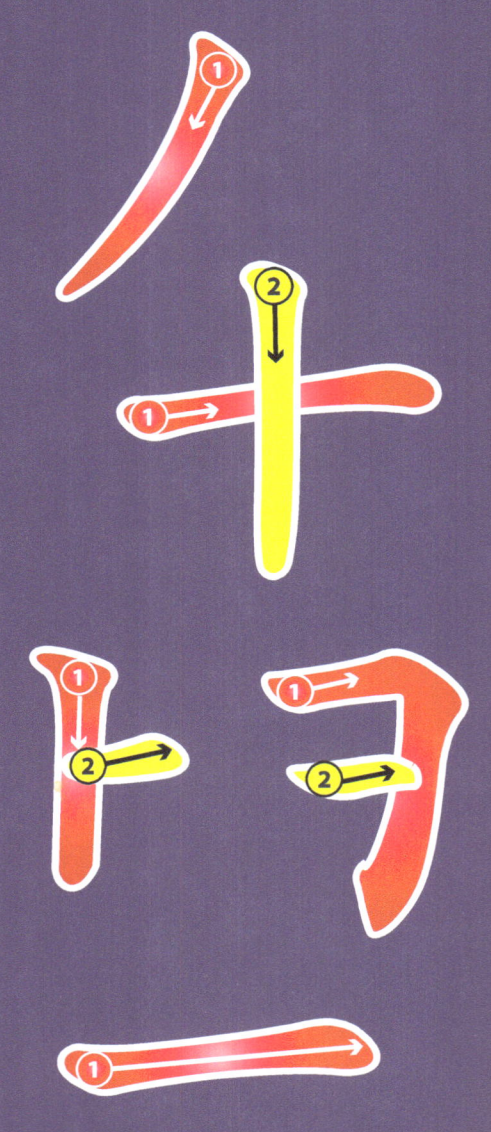

插头
chā tóu

plug

瘦
shòu

thin

讲故事
jiǎng gù shi

story-telling

sleeping 睡觉
shuì jiào

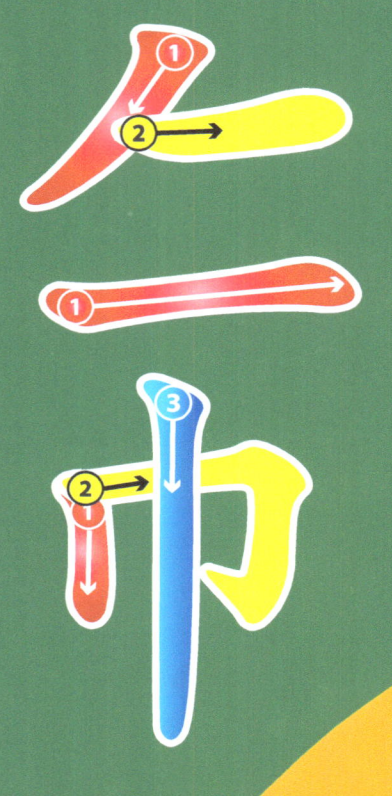

制作
zhì zuò
to make

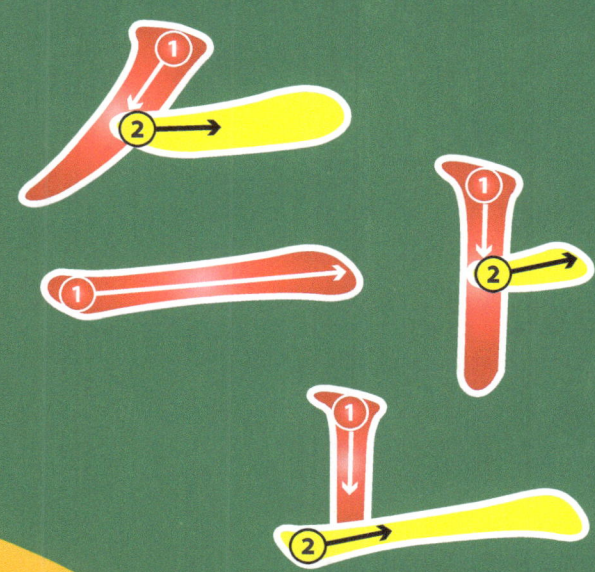

卸货
xiè huò

to unload

凹洞
āo dòng

pit

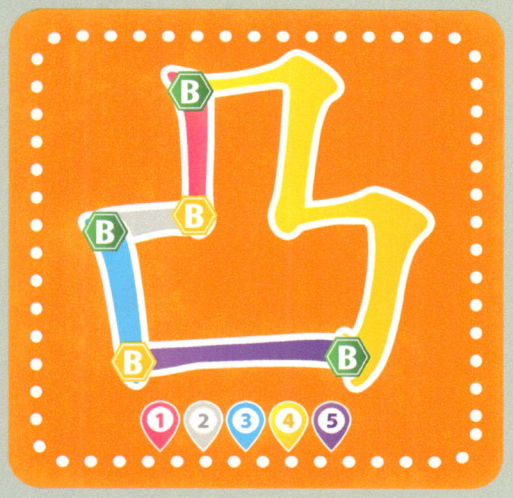

凸面
tū miàn

bulge

treasure

宝藏
bǎo zàng

www.ingramcontent.com/pod-product-compliance
Lightning Source LLC
Chambersburg PA
CBHW041404010526
44107CB00015B/1067